AF369935

TABLEAUX ANCIENS

Mᵉ Georges TIXIER

Commissaire-Priseur

M. Max BINE

Expert

Étude de Me GEORGES TIXIER, COMMISSAIRE-PRISEUR

Paris, 45, rue de la Chaussée-d'Antin

VENTE AUX ENCHÈRES PUBLIQUES

Meubles et Objets d'Art

CHINE ET JAPON

TRÈS BELLES BRODERIES DE CHINE

Table ancienne en bois de fer
Paravents Japonais
Deux grands panneaux chinois décorés sur les deux faces
Porcelaines, Bronzes, Cloisonnés, Ivoires

ESTAMPES JAPONAISES

Sabres et Poignards anciens, Gardes de Sabres

HOTEL DROUOT, SALLE N° 2

LE MERCREDI 6 MAI 1914

A 2 heures

COMMISSAIRE-PRISEUR	EXPERT
Me GEORGES TIXIER	M. ARMAND LOGÉ
45, rue de la Chaussée-d'Antin	39, rue de Constantinople

EXPOSITION PUBLIQUE

Le Mardi 5 Mai 1914, de deux heures à six heures

Au comptant, 10 0/0 en sus des enchères.

Paris. — Imp. de l'Art, Ch. BERGER, 41, rue de la Victoire.

I. VENTE JUDICIAIRE

EN VERTU D'UN JUGEMENT RENDU

PAR LA 3ᵉ CHAMBRE DU TRIBUNAL CIVIL DE LA SEINE, LE 7 JANVIER 1914.

DE

TABLEAUX ANCIENS

attribués à

FRANTZ HALS et RUBENS

et des ÉCOLES FLAMANDE et HOLLANDAISE

II. Vente volontaire

d'une Collection appartenant à M. X...

DE

TABLEAUX ANCIENS

par ou attribués à

BEETSENNAKERS, CASANOVA, DE DREUX, NORBLIN,
VAN DYCK, Joseph VERNET,
et des ÉCOLES FRANÇAISE et HOLLANDAISE

dont la vente aux enchères publiques aura lieu

HOTEL DROUOT — SALLE Nº 11

LE JEUDI 7 MAI 1914

à 4 heures précises

COMMISSAIRE-PRISEUR :	EXPERT :
Mᵉ GEORGES TIXIER	M. MAX BINE
45, rue de la Chaussée-d'Antin.	*17, rue Victor-Massé.*

EXPOSITIONS PUBLIQUES

Le Mercredi 6 Mai 1914, de 2 heures à 6 heures.
et le Jeudi 7 mai 1914 (jour de la vente), de 2 heures à 4 heures.

CONDITIONS DE LA VENTE

Elle sera faite au comptant

Les adjudicataires paieront *dix pour cent* en sus des enchères.

Paris. -- Imprimerie FRAZIER-SOYE, 153-155, rue Montmartre

Barbarah Countess of Suffolke
Grandmother to Eliz:
ountefs of Bristol

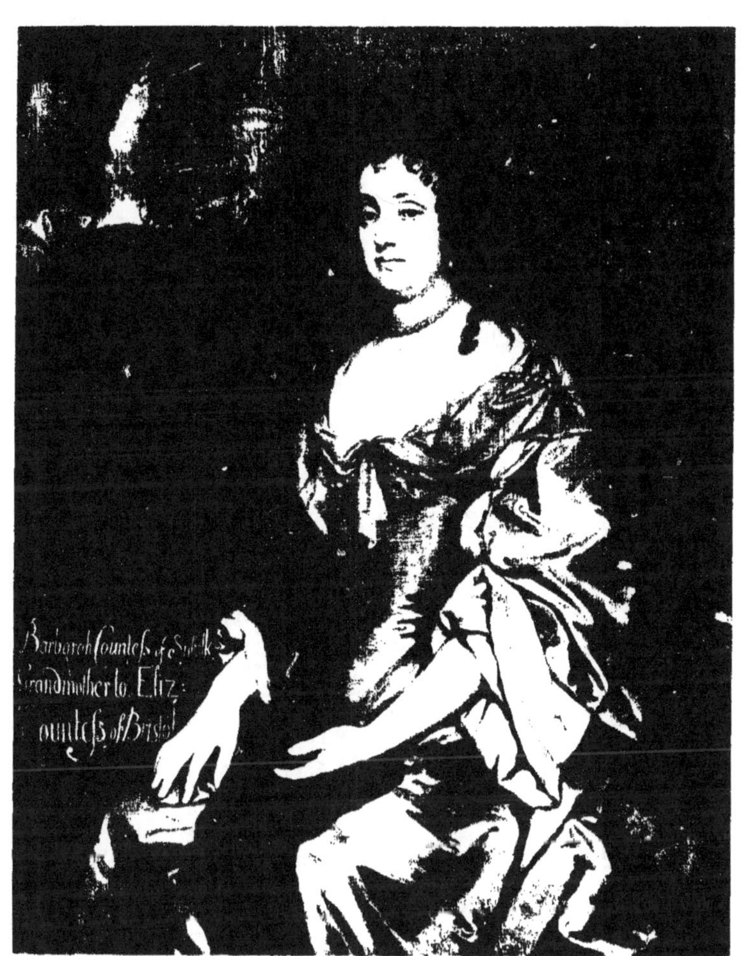

Nº 11

DÉSIGNATION

I. Vente Judiciaire

EN VERTU D'UN JUGEMENT DU TRIBUNAL CIVIL DE LA SEINE

DU 7 JANVIER 1914

ÉCOLE FLAMANDE

1. — *Triptyque.*

    Dans le compartiment central. la Vierge à l'Enfant sous un dais avec fonds de paysage. Dans les compartiments latéraux l'on voit des personnages. hommes et femmes. priant.

ÉCOLE HOLLANDAISE

XVIIe siècle

2. — *Portrait d'une jeune femme vue jusqu'aux genoux.*

Haut., 104 cent.; larg., 82 cent.

FRANTZ HALS

(Attribué à)

10000
5800
Walther

3. — *Tête de jeune homme grimaçant.*

Dans un médaillon ovale.

Haut., 48 cent.; larg., 39 cent.

RUBENS

(École de)

4000
2600
Petersen

4. — *Andromède est enchaînée à un rocher. Persée,
monté sur Pégase, vient la délivrer.*

Haut., o m.; larg., 1 m. 22 cent.

II. Collection de M. X...

BEETSENNAKERS
(A.)

5. — *Chasseurs et Chiens.*

Signé et daté 1696 en bas à gauche.

Toile. Haut., 41 cent.; larg., 57 cent.

CASANOVA
(Attribué à F.)

6. — *Épisode de siège.*

Sur une hauteur, des soldats français bombardent une ville.

DE DREUX

(Attribué à Alfred)

7. — *Garçonnet à cheval dans un parc.*

Toile. Haut. 44 cent. ; larg., 57 cent.

ÉCOLE FRANÇAISE

XVIIIe siècle

8. — *Portrait en pied d'une jeune femme, dans un fond de paysage genre de Nattier.*

Haut., 1 m. 50; larg., 1 m. 12.

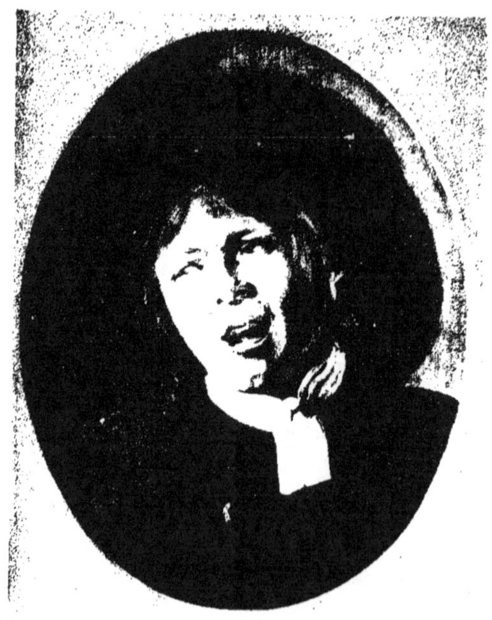

N° 5

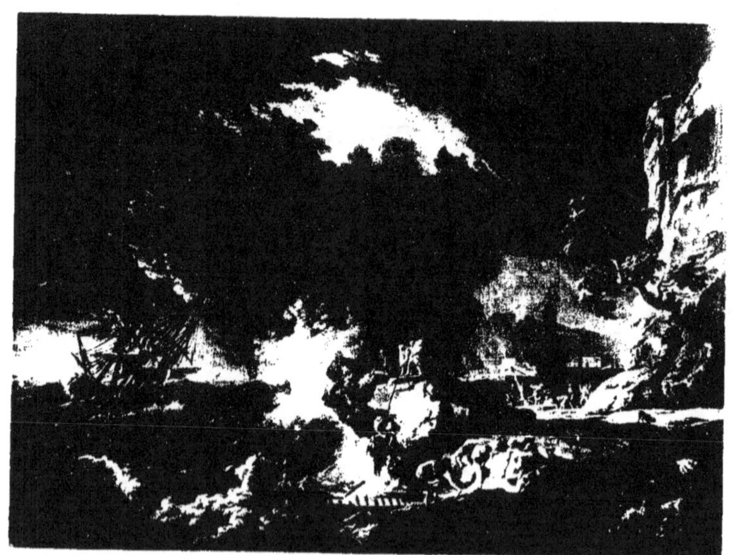

N° 12

ÉCOLE HOLLANDAISE

9. — *Personnages et animaux dans un paysage.*

Toile. Haut., 54 cent. ; larg.. 70 cent.

NORBLIN

10. — *Portrait d'un officier.*

Signé et daté 1824. en haut et à gauche.

Haut., 26 cent. ; larg., 21 cent.

VAN DYCK

(École de)

11. — *Portrait de jeune femme représentant, d'après une inscription sur la toile, la Comtesse de Bristol.*

Toile. Haut., 1 m. 30; larg., 1 m. 04.

VERNET

(JOSEPH)

12. — *La Tempête.*

Dans un port des bateaux sont en détresse. Sur le rivage, à l'aide de cordages, des pêcheurs opèrent le sauvetage des naufragés.

Haut., 95 cent.; larg., 1 m. 30.